Règne de la Conscience Humaine

TOME PREMIER

Je dis ceci à mon Patron

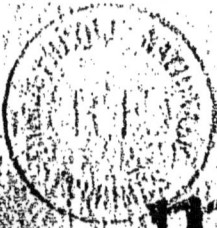

PAR

UN EMPLOYÉ D'HOTEL

Prix : 25 Centimes

Imprimerie Coopérative Toulousaine
39, rue Peyrolières, 39

1906

Vers le Règne de la Conscience Humaine

TOME PREMIER

Je dis ceci à mon Patron

PAR

UN EMPLOYÉ D'HOTEL

Prix : 25 Centimes

Imprimerie Coopérative Toulousaine
39, rue Peyrolières, 39
1905

PRÉFACE

Dire à chacun son fait, appeler un chat un chat et Rollet un fripon; en un mot « rompre en visière à tout le genre humain », comme dit Alceste, est la spécialité des gens trop honnêtes, c'est-à-dire naïfs plutôt. Oh! tel n'est pas l'avis des gens complaisants! A coup sûr, c'est de la mauvaise politique. Venger sa conscience froissée, faire acte de désintéressement, s'exposer aux représailles des puissants, aux rires moqueurs des courtisans : fi donc! Cela était bon au vieux temps de la chevalerie.

Depuis lors, malheureusement, la noble devise : « Fais ce que dois, advienne que pourra » est fort tombée en désuétude. La loi générale est l'égoïsme, le sauve-qui-peut. De temps à autre, nous agitons la question sociale, mais seulement pour nous payer de mots; nous craignons de découvrir une solution, de nous obliger à être une fois conséquents avec nous-mêmes.

C'est ce qui explique pourquoi les mêmes abus se perpétuent, la même tyrannie nous opprime depuis des siècles, pour laquelle nous forgeons nous-mêmes les armes qui doivent se retourner ensuite contre nous. Race avachie que nous sommes ! Qu'attendons-nous de nous rendre compte de la honte de notre esclavage, comme de l'odieux du despotisme ! Ah ! si tous les hommes étaient convaincus de leur dignité d'êtres raisonnables, comme de leurs obligations sociales, j'imagine quelles transformations la terre verrait s'opérer du coup !

La classe ouvrière froissée par l'attitude provocatrice du capitalisme, se transformerait en coopératives de production et de consommation, tandis que parallèlement à ce mouvement économique, gage de notre indépendance matérielle, un plus vaste horizon intel-

lectuel et moral s'ouvrirait à nos instincts supérieurs.

Non, l'ouvrier ne restera pas toujours
un résigné ; lui aussi veut enfin se sentir
vivre. Il se souvient que la loi qui le
condamna au travail ne lui défendit pas
de lever son regard de la terre, ni de
laisser de trève à son outil.

C'est pourquoi il se révolte aujourd'hui
avec tant d'amertume contre ses oppres-
seurs, dont il dénonce les mœurs révol-
tantes à l'opinion publique, avec, en
regard, le tableau de la situation précaire où il en est réduit de ce fait, lui,
pourtant le principal instrument de rapport.

Ensuite, pour prouver à la classe capitaliste que ce n'est point là une manifes-
tation insolite et intempestive, ledit
ouvrier qui n'est pas rhéteur, tant s'en
faut, mais qui a réfléchi et est convaincu,
a composé un court exposé de morale
essentiellement positive, basée, non sur
l'intangibilité de notre condition origi-
nelle sociale, mais sur l'obligation morale

du progrès et l'exploitation consciencieuse de nos facultés d'action.

C'est toujours les yeux fixés sur ces
devoirs imprescriptibles qu'il cherchera
ensuite une solution satisfaisante aux
nombreuses revendications, tout en ayant
égard aux nécessités inhérentes à toute
exploitation. C'est à la raison et à la
justice seules qu'il sera fait appel dans
cet exposé. J'ose croire qu'aucune des
parties adverses n'osera se soustraire à
un tel arbitrage.

HENRI SOLLE.

Le 1ᵉʳ Mai 1905.

PREMIÈRE PARTIE

AUJOURD'HUI

« La résistance à l'oppression est le plus
sacrés des devoirs. »

(Droits de l'homme et du Citoyen).

CHAPITRE PREMIER

PARAGRAPHE PREMIER

C'est en février, à 11 heures du soir. Dehors,
l'hiver déchaîné donne à plein cœur tout son
cru : rafales de pluie, neige, brise glaciale. Une
grande porte s'ouvre par instants par la poussée
des voyageurs attardés qui gagnent à la hâte
leurs chambres chauffées d'avance. La solitude
du vaste pas perdu humide et nu est seule
interrompue par les mouvements rythmés du
garçon d'hôtel attablé devant un monceau de
chaussures crottées jusqu'au sommet de la tige.

Dans le bureau, situé face l'escalier, le feu
brûle, mais pas pour tout le monde. Une masse
informe, au ventre grondant et rebondissant,
appuie une tête pendante et échevelée, tandis
que les membres jetés négligemment au
hasard, empêchent tout accès à la douce cha-

leur. C'est le patron, qui est là : saluez sa majesté!

A force de baillements, clignottements et contorsions machinales, le temps passe, et voici minuit et demi. C'est l'heure du dernier train, l'heure où l'exploiteur cesse d'entrevoir quelques misérables gains à réaliser. Le voici qui se lève, non pour dire un adieu de compassion, mais plutôt pour renforcer la consigne : « Prenez garde aux malfaiteurs, dit-il; pas de crédit aux étrangers; et surtout n'oubliez pas les réveils! Quand vous aurez fini, vous pourrez regarder dans le journal l'œuvre de votre canaille de Perpignan »

— Qui, la canaille, lui dis-je? Des collègues qui, poussés à bout, s'insurgent contre les exploiteurs? Des hommes raisonnables qui ne veulent pas servir de machines à mouvement perpétuel, revendiquent leurs droits les plus sacrés?

Eh bien! Monsieur, de cette canaille-là, j'en suis! Et qu'êtes-vous vous-mêmes? Quelle est votre origine? Vous ne nierez pas qu'elle est des plus modestes. Il y a dix ans ou vingt au plus vous apparteniez pour le plus grand nombre à la classe des travailleurs vulgaires, pas fiers alors, gagnant votre vie au jour le jour, rampant devant des gérants insolents, plus ou moins exacts au règlement, toujours à l'affût de quelque espièglerie.

Or, un beau matin, vous vous levâtes dispos, la santé florissante, quelques économies de réserve, et d'autre part, quelques velléités ambitieuses. Vous refîtes le rêve de Perrette, et sans perdre de temps, l'on se mit à la tâche. Quelques sommes empruntées ajoutées aux économies personnelles, beaucoup de réclame, et surtout la volonté ferme de réussir furent vos moyens. Au fond, ils se réduisent à deux : la vigilance et le crédit public; car, pour moi, je ne crois pas à ce facteur imaginaire qu'on nomme le hasard, la chance autrement dit. Les hommes se montrent ou non à la hauteur des évènements; en tout cas, ceux-ci ne sont pour rien dans le génie humain; ils le mettent seulement en vue. Donc, ne parlons pas de chance; chacun est l'artisan de sa destinée.

N'empêche, messieurs, qu'une réussite si soudaine ne fasse de vous des parvenus. Le crédit public ne vous a pas marchandé son appui; quelle gratitude lui gardez-vous? Point. Au contraire, si quelque exploitation analogue se lève à vos côtés, vous en concevez de l'ombrage; vous alléguez toutes sortes de difficultés dans l'espoir de décourager les initiatives. Or çà, prenez garde : le crédit n'est pas une marchandise de monopole; mais elle est plutôt capricieuse à l'encontre des intrigues en vue de la retenir devers soi.

Le 3 mai 1905.

PARAGRAPHE II

Mais votre oubli ne s'arrête pas là. Vous méprisez aussi le peuple. La classe ouvrière, dont vous venez pourtant, ne vous apparaît plus que comme un vil bétail, incapable d'une conception quelconque, bon tout au plus à vous servir de marchepied, et trop heureux que l'administration publique les recueille dans leurs vieux jours. Quoi donc! quelques rouleaux de métal en plus ou en moins décideraient de la dignité de notre condition sociale! Mais l'intelligence, mais l'éducation, mais ces instincts supérieurs de justice, de bienveillance naturelle que la nature se plaît à distribuer à qui bon lui semble, sans acceptation des personnes. Accaparez-vous aussi ce lot? Je vous le défends; c'est un domaine public, et certes d'une valeur autre que ces biens fragiles qui vous font tourner la tête.

Je doute même que votre part soit toujours proportionnée à la considération de forme que le public est convenu de vous accorder. Vos soucis actuels, comme votre situation même d'en dehors du mouvement social, vous en empêchent pour le moment, et votre premier apprentissage ne vous les avait guère suggérés non plus.

Non seulement j'en doute, mais tous les jours, vous donnez des preuves notoires d'insuffisance intellectuelle, comme de médiocrité de sentiments. C'est ce qui vous trahit, heureusement pour nous; et la justice générale se trouve ainsi satisfaite. O égalité! tu es donc inflexible! car si tu donnes d'une main, tu es parcimonieuse de l'autre!

Que ne donneriez-vous pas aussi de voir loin de vous tant d'anciens camarades d'antan, compagnons de travail, témoins de vos vicissitudes. Aujourd'hui, vous détournez insolemment vos regards à leur approche. Croyez-vous leur en imposer davantage par votre attitude hautaine? Passe à la rigueur, au mendiant de V. Hugo, de s'écrier au passage d'un fastueux équipage :

Celui-là est ton roi, et tu n'es qu'un gueux :
Allons! debout et chapeau bas!

Quant à nous, jamais!

Vous prétextez les inconvénients de la camaraderie pour ne point les occuper chez vous. N'est-ce pas plutôt qu'ils seraient une occasion perpétuelle de vous rappeler uos modestes origines? Ces amis n'étaient pourtant pas des imbéciles. Ce sont eux qui vous ont initiés dans vos débuts, vous ont prodigué leurs conseils, sinon même leurs concours en espèces. O vanité ingrate! Vous ne voulez donc plus serrer les mains calleuses? C'est entendu! Mais pas davantage les cheveux gris ne se découvriront devant les haut-de-formes!

Vous êtes des parvenus, Messieurs, mais aussi de pires esclaves, comme de juste, d'ailleurs. Car ce n'est pas tout d'arriver à se faire jour; il s'agit maintenant de garder ses avantages, ce qui n'est pas une peine moindre. Que de tracas, que de démarches, de veilles, de retards, d'à-coups, de procès, d'imprévus! en butte contre les voleurs, les indiscrétions des employés, les calomnies perfides, la jalousie des parents; que sais-je enfin? Un vrai sang de vinaigre, quoi!

Vous voilà esclaves des affaires : esclaves également du public, obséquieux jusqu'au ridicule à tout venant, intarissables de réclame comme de vulgaires charlatans. Mais le client vient-il à prendre de la hardiesse, d'imposer ses caprices; vous, messieurs, empressés d'en passer par là, souvent même au risque d'y être de perte.

Il est vrai que votre personnel est là, à votre portée, sur qui vous vous déchargez de votre mauvaise humeur; car autant vous êtes rampants devant l'étranger, autant vous êtes tyrans pour vos auxiliaires, arrogants de votre commandement, railleurs dans vos observations, hargneux dans vos réponses, cassants dans vos décisions, défiants sans raison, prompts à écouter les rapports provenant de faux zèle. Qu'il y a loin de ces dispositions à celles dont était animé de X. de Maistre envers son fidèle serviteur dont il nous parle avec éloges dans le *Voyage autour de ma chambre* ou Buffon pour son ami Joseph. C'est par conviction que ces esprits élevés observaient des formes envers leurs subordonnés; mais il est superflu d'en espérer chez vous : les affaires vous absorbent tout entiers, vous rendent ahuris, oublieux des égards dus au prochain.

Le 5 mai 1905.

PARAGRAPHE III

L'argent! Encore de l'argent! Toujours de l'argent! Voilà le sujet bestial de vos rêves. Non contents d'exploiter le public, vous spéculez aussi avec l'argent qui ne vous appartient pas. Un mois durant, vous frustrez vos employés de leurs salaires; vous profitez d'un intérêt qui leur est dû. Vous êtes encore des exploiteurs quand vous les condamnez à des corvées supplémentaires aux dépens de leur santé, tandis qu'une foule de gens de peine cherchent en vain du travail et du pain. Vous abusez de leur état de nécessité quand vous leur imposez un labeur au-delà de leurs forces, d'une durée excessive et arbitraire.

Au Moyen-âge, les Seigneurs avaient leur Jacques Bonhomme qui veillait à ce que nul bruit ne vint les déranger d'entre les bras de Morphée. Vous, messieurs, vous avez jugé qu'au vingtième siècle il ne convenait plus d'aller faire battre les étangs pour assurer votre repos. Néanmoins votre porte n'en est que mieux gardée. Ainsi, l'on peut entrer, sortir, circuler à son aise; le commerce continue de marcher, tout en vous reposant sur vos deux oreilles.

Même un de vos clients aurait-il des affaires en tête : « Vous pouvez dormir tranquille, lui dites-vous; voilà un homme qui passera la nuit blanche pour vous prévenir à point de l'heure de votre lever. » Non, j'ai beau chercher, je ne vois pas d'assujettissement qui ressemble autant à l'esclavage, surtout quand on a la prétention de le faire accompagner de la plus rigoureuse responsabilité.

Peu vous importe que cet employé ait de la famille, que plusieurs jours par semaine il soit frustré des caresses du foyer qui languit faute de chef. Je l'ai déjà dit : la richesse vous a enlevé toute sensibilité; vous n'avez que des cœurs de roche.

Aussi, je ne m'étonne guère de votre indifférence à l'égard du repos hebdomadaire. Que dis-je? il est avéré officiellement que vous y êtes opposés*. Pourquoi donc l'industrie alimentaire pourrait-elle s'astreindre à cette réforme, alors qu'elle est en vigueur partout ailleurs ? Et à part vos motifs intéressés dont vous ne faites pas mention, vous me faites l'impression de macabres bouffons en ayant l'air de vous apitoyer sur notre sort. « Le repos hebdomadaire, dites-vous, priverait nos modestes serviteurs..... » Hé! mon Dieu! de quoi je me mêle! Depuis quand vous prit un zèle si touchant? Si donc vous avez souci de notre bien-être, à qui la faute, dites-moi, si ces gages sont minimes? Quelle comparaison peut-on faire entre les pourboires que nous perdrions le jour de congé et le salaire que vous nous devriez pour les autres jours? Mais de cela, ni de votre santé vous n'en parlez point.

---

* Extrait de la lettre du Syndicat général des Hôteliers à la Commission sénatoriale du travail, en réponse au projet de loi sur le repos hebdomadaire :

« Permettez à nouveau, Monsieur le Sénateur, à notre Syndicat d'attirer votre attention sur ceux de nos employés (femmes et valets de chambres, portiers, concierges, chasseurs, qui n'ont que des appointements légers et dont le pourboire est le principal gain. Quelle sera la perte de ces serviteurs, le jour de leur absence? Combien d'argent perdu pour eux si leur jour de repos coïncide avec un nombreux départ de voyageurs? Constatez le préjudice que cela va leur causer. Nous espérons, Monsieur le Sénateur, qu'en vous rendant compte de la situation qu'on veut nous faire, vous voudrez bien consentir à appuyer notre désir.

(Extrait du *Bulletin officiel de l'Industrie Hôtelière*, n° 2, février 1905.

J'ai ouï dire aussi que vous en usiez avec autant d'arbitraire avec la loi sur les accidents du travail, tantôt négligeant de faire des démarches à propos, tantôt opérant des retenues sur l'indemnité due à l'ouvrier invalide.

Enfin, je ne crois pas être téméraire d'avancer que vos opinions sur la caisse des retraites pour la vieillesse doivent refléter la même bonne foi. Il est vrai que cette question est plus compliquée qu'on ne le pense généralement et qu'elle n'est pas encore prête à avoir une application de force de loi. Mais on vous attend encore à exposer votre point de vue sur ce sujet. Ne seriez-vous pas par hasard de cette catégorie de sourds qui ne veulent rien entendre?

Autre occasion de controverse : Si la liberté de pensée est une réalité, un droit inhérent à notre raison, proclamé par la Révolution de 1789, pourquoi regardez-vous de mauvais œil toute entrée dans une assemblée syndicale ou politique? Pourquoi tenez-vous pour suspect un employé qui aurait des tendances libertaires, sans pour cela être moins irréprochable sur son travail? Auriez-vous la prétention d'empêcher la classe ouvrière de s'occuper de ses intérêts, de chercher à résoudre la question sociale? Mais vos efforts en vue de la retarder indéfiniment ne prouvent que trop son urgence : malgré vous, on aboutira, Messieurs.

Le 7 mai 1905.

PARAGRAPHE IV

J'en ai aussi pas mal sur le cœur contre ces avortons de patrons, moitié propriétaires, moitié employés, toujours à la bûche et cependant malmenés par leurs femmes ; caractères lâches et traîtres en général, toujours forts en gueule, faute d'éloquence, orgueilleux comme des potentats et vivant néanmoins d'expédients comme des mercenaires, gens ridicules en un mot.

Croyez-vous que l'un d'eux ne me poursuive pas d'une basse rancune par toutes les places que j'occupe, répandant sur mon compte les plus basses calomnies, et cela, camarades, en récompense d'un excès de zèle pour sa maison. C'est stupide, méchant et tout ce qu'on peut imaginer.

Je connais tel autre qui n'en finit jamais de toiser son monde de pied en cap, de scruter sa physionomie pour en tirer des augures, d'entrer dans tous les détails de sa mise avant de vous annoncer si vous aurez l'insigne bonheur de toucher un morceau de pain de sa main, moyennant de vous le gagner, bien entendu.

Un troisième est obligé de veiller toutes les nuits, faute d'avoir des employés au courant de sa maison, incapable qu'il est de les conserver deux jours consécutifs : ou la nourriture est exécrable, ou le salaire n'est pas en proportion du travail, soit enfin que ces petits tyranneaux soient tout le temps à leurs trousses pour leur imposer leur manière de faire.

Voilà les mœurs de ces petits patrons. Mais ce qui suit ne vous édifiera pas moins sur cette célèbre catégorie d'exploiteurs. Eté et hiver, jour et nuit, quelque temps qu'il fasse, soyez sûrs qu'ils ne manquent aucune arrivée de trains. Vous verrez ces propriétaires pisteurs adossés à la balustrade du canal. D'un coup d'œil, ils jugent si les passants sont de la ville ou des étrangers. Oh! les bienvenus! (En prenant les bagages) : « Monsieur, je vous indiquerai un hôtel confortable, pas loin, pas cher, avec un restaurant à bon marché. » (Mais le voyageur esquisse quelques gestes de résistance) : « C'est moi-même le propriétaire ; vous serez satisfaits ». Et l'on se laisse emmener. Pauvres gens, où allez-vous vous faire tondre!

L'on vous avait prévenus pourtant de l'horreur de ces petits établissements, asiles préférés des gens suspects, organisés plutôt pour des garçonnières, vrais réceptacles de vermine et d'infections contagieuses. Vous pouvez vous figurer aussi que la table est en rapport. Le même menu faisandé languit tout une semaine au milieu de couverts graisseux, jusqu'à ce qu'une bande de voyageurs novices vienne le liquider, non sans faire force grimaces et de véhémentes protestations contre l'amphitrion effronté qui prétendait ainsi se moquer d'eux.

Ne dites pas, Messieurs, que ce sont là des facéties; ce sont au contraire des choses authentiques. Oui, franchement, il eut mieux valu pour vous rester simples employés plutôt que d'entreprendre un métier si vil. Mais bast! Que faire quand les maçons persistent malgré tout à vouloir esquisser des tableaux ? Qu'on leur laisse suivre leur mauvais génie et, hélas! ils ne tarderont pas d'être déçus.

Mon plan comporterait encore d'autres développements suggestifs, mais je dois à mes débuts de m'en tenir à l'essentiel pour le moment. Du reste, le peu de lo   i qu   e laisse mon travail

2

quotidien ne me permet pas d'entreprendre une
œuvre de longue haleine. Donc, assez de por-
traits acerbes; ceux-ci donnent, il est vrai, plus
de relief au récit, mais je ne veux pas en abuser
aux dépens de la justice qui, dans le cas présent,
se confond avec l'expression exacte de la vérité.

Récapitulons. Je vous loue sans réserves pour
l'intelligence dont vous faites preuve et la téna-
cité dont votre industrie a plus besoin que nulle
autre. Mais cette attention rigoureuse vous rend
surexcités, hautains à l'égard du public, parcimonieux, et vous prive du repos moral que l'on
trouve dans la culture des lettres et des arts.
C'est ce qui explique que, malgré des talents réels
et une fortune honnête, on vous conteste un rang
qui vous reviendrait de droit.

Au reste, c'est votre affaire. Quant à nous,
nous ne pouvons vous considérer que comme
suspects. En tant que capitalistes, vous êtes des
adversaires irréductibles de l'émancipation prolétarienne jusqu'à même de simples essais
d'améliorations quelconque. Je me propose plus
loin de démontrer que vos marques de bienveillance à l'égard du Syndicat des « Employés
d'hôtels » cachent des intentions inavouables.
Elles ont trop d'analogie avec cette pluie de
roses dont Héliogabale étouffait les conspirateurs
dont il voulait se débarrasser.

PARAGRAPHE V

Camarades, j'espère que vous aurez assez
d'intelligence pour vous solidariser sur ce réquisitoire. C'est à votre intention que j'ai entrepris

cette polémique; car, pour moi, je suis déjà
fauché, mis à l'index. Non, les patrons n'auront
pas l'âme assez haute pour entendre ces vérités
sans sourciller. Peu importe ; le souci de ma
position future ne saurait me faire hésiter à
apposer ma signature à la suite de cet acte
d'accusation. Si, après tout, les événements
justifiaient mes prévisions, je me rappellerais
une fois de plus que les vrais amis du peuple ne
firent jamais fortune.

Le 10 mai 1905.

CHAPITRE II

Vous avez vu, Messieurs, que je me suis appliqué à n'omettre aucun détail dans la description de vos mœurs. J'apporterai encore plus d'attention, s'il se peut, au tableau de notre condition à nous, vos très humbles employés. Si j'avais voulu abréger ma tâche, il m'eût été facile de prendre au hasard quelques traits entre mille, et de bâtir là-dessus un parallèle édifiant ; mais ce ne sera pas ma tactique ; je craindrais d'affaiblir ma pensée que de la soumettre à une concision trop calculée.

D'ailleurs, l'hypocrisie n'est pas notre fait, et dès le début, nous tenons à vous affirmer qu'il est préférable, pour notre intérêt commun, de discuter entre nous comme de sages ennemis plutôt que de feindre une confiance mutuelle. L'époque n'est plus aux apologies. A l'indifférence patronale nous ne saurions opposer des dispositions sympathiques invraisemblables. Aussi ridicule serait de prétendre que la vertu même est le lot obligé de la classe ouvrière, pas plus d'autre part que le vol et la fortune soient absolument synonymes.

Mais si l'on réfléchit aux nombreuses tentations provoquées par la misère et les susceptibilités de nos conditions respectives sociales, on est forcé de reconnaître que les situations médiocres sont encore les meilleures écoles de morale.

PARAGRAPHE PREMIER

Mais j'oubliais, Messieurs, que vous êtes avant tout des gens d'affaires que vous croiriez perdre le temps à ruminer ces considérations philosophiques. Les Romains, du moins, exaucèrent le Paysan du Danube par rapport à la question de leur intérêt même. Je doute d'avoir le même succès pour la bonne raison que vous n'avez jamais réfléchi que chercher le bien-être des auxiliaires de sa fortune, c'est augmenter celle-ci d'autant. Dès lors, pourquoi au lieu de crédit n'avez-vous pour eux que de l'ombrage ?

Dès les six heures à son poste dont aucune raison n'est admise pour excuser le retard, l'employé ne repassera la porte que dans quinze heures (et 39 heures quand il est de garde). Durant cet intervalle, il donne la main sans murmurer à toutes les corvées qui se présentent, tantôt pénibles et dangereuses, tantôt répugnantes, soit même souvent surérogatoires.

Indépendamment de l'autorité patronale, des gérants vaniteux, des caissières trop sensibles aux traits physiologiques, sans oublier les faux camarades au zèle intéressé vous tiennent constamment en haleine, épient tous vos mouvements dont l'importance prend des proportions considérables sous leurs rapports entachés presque toujours de rancune.

Un autre maître, et pas des moindres, à qui l'on doit aussi égards et soumission; je veux parler du voyageur. Souvent désordonné, grincheux par manière, tantôt bruyant, tantôt sombre, selon le cours des affaires, autocrate à l'égal du propriétaire, irrémissible au moindre manquement, et en fin de compte parcimonieux.

Environné de tant de témoins tout excepté sympathiques, l'employé d'hôtel aurait donc vite fini son stage, s'il n'avait la tête bien fixée entre de larges épaules. L'habitude d'ailleurs de tels procédés a fini par le blaser complètement sur le point d'honneur, sans influer heureusement sur sa probité qu'il tient surtout à cœur de conserver intacte comme la seule réclame en son pouvoir.

Tous les jours, des sommes importantes passent entre ses mains sans jamais pouvoir le faire succomber à la tentation; des bagages oubliés ou objets précieux égarés sont remis fidèlement au bureau de l'hôtel. Vous me direz, messieurs, que nous ne faisons là que notre devoir. D'accord, mais vous confirmez aussi sans le vouloir que de ce fait seul nous sommes déjà estimables.

Au reste, nous ne demandons pas qu'on nous délivre des prix de vertu. Plût au ciel que nous fussions seulement payés de notre travail! Au contraire, notre salaire est en général insignifiant. Notre appointement mensuel n'atteint pas les trente francs; et encore est-il pris sur les libéralités des clients en faveur du service, ce qui revient à dire qu'il est nul partout.

Le 12 mai 1905.

PARAGRAPHE II

Si du moins l'on faisait bonne chère! (l'on sait qu'une bonne table fait oublier beaucoup de misère) mais rien de cela. Dans un réduit

obscur, ordinairement encombré, on nous
sert un brouet clair, accompagné, pour toute
suite et fin, d'un amalgame insipide de tous les
détritus de la halle; et comme breuvage, les
lies et les déchets de la cave. Il va de soi que
ces substances ont non seulement perdu leurs
propriétés nutritives, mais qu'elles doivent fatalement engendrer des maladies par les ferments
déjà en action qui ont occasionné leur impro-
priété au service du restaurant.

Que ne nous donne-t-on plutôt un abonne-
ment au fourneau économique! Voilà du moins
qui est propre, satisfaisant, et même assez confortable! Pour le moment encore, il est la table
d'hôte du pauvre; mais j'entrevois le jour prochain qu'il sera transformé en une immense
coopérative pour toute la classe ouvrière. C'est
là que la sociale prendra ses agapes en respi-
rant une atmosphère de liberté absolue.

En me berçant de ces visions, je m'éloigne de
mon sujet; tout en célébrant la liberté, j'oublie
que je suis le dernier des esclaves. En effet,
tandis que l'ouvrier des champs et de l'industrie se réconforte chaque dimanche avec sa
famille à la promenade hygiénique et récréative,
l'employé d'hôtel languit d'ennui et de dégoût
en arpentant les couloirs, sans espoir d'aucune
trêve. Je suis convaincu que l'on n'a jamais
déduit à fond les désastreuses conséquences de
cette captivité, par rapport, soit à la vie familiale, soit à la morale individuelle.

Il arrive, en effet, qu'à la sortie de l'établissement, vu l'heure tardive, la famille est déjà ali-
tée et n'a plus par conséquent les mêmes attraits

pour son chef. C'est ainsi qu'on se laisse entraîner au café, dans l'espoir, soi-disant, d'y ensevelir les noirs chagrins. Hélas! on y dissipe bien d'autres choses dans ces distractions artificielles. Une heure de plaisirs passée avec les bourgeois nous fait oublier notre condition ouvrière. La réalité ne tarde pas il est vrai de nous y rappeler bientôt malgré nous, mais en nous causant de cruelles déceptions; car tandis que nous nous croyons près d'être émancipés, nous nous apercevons trop tard que nous avons gaspillé nos moyens, nos économies. Or, cette prodigalité du fruit de nos sueurs devient encore plus coupable quand ils sont indispensables à la subsistance du foyer.

En tous cas, c'est la santé qui se délabre de jour en jour rapport aux veilles ou excès de tous genres. Bref, à l'âge de cinquante ans, nous voilà finis, usés. Malheureux que nous sommes! Traqués nuit et jour comme des fauves, mal payés, mal nourris, toujours à l'ouvrage, la réaction même contre cet état de choses nous jette dans une situation pire encore. Mal vus par la Société dans nos moins mauvaises années, à peine maintenant nous suffisons-nous. Des jours sombres, des larmes amères, des désespoirs impuissants, voilà notre lot!...

Le 15 mai 1905.

PARAGRAPHE III

Je vous laisse ce coin de tableau sur la conscience, Messieurs les Patrons. Vous en êtes les premiers responsables. Ah! vous vous plaignez que les gens de service d'aujourd'hui ne ressemblent plus au « vieux serviteur » d'autrefois! Oui, ce vieux meuble a disparu à jamais. Nous savons que vous avez tenté de le restaurer en instituant des primes à l'ancienneté de services; mais nous n'en avons cure. Malgré moi, il peut arriver que mes vieux jours me voient encore à mes occupations de jeunesse; mon idéal du moins ne s'en contente pas; car je ne sache pas que l'un soit né avec un droit divin de domination et l'autre pour gémir dans la servitude toute sa vie.

Croyez-moi; retirez ces brevets ridicules dont vous êtes les premiers vous-mêmes à reconnaître la valeur nulle. Ne dites-vous pas que le premier passant venu est apte à faire un ouvrier d'intérieur sans aucun besoin d'apprentissage ? Vous mettez ainsi notre corporation au dernier rang des gagne-pain. C'est justement ce sans-gêne affiché d'embauchage au hasard qui est une des principales causes de notre défaut de stabilité, en même temps que de défiance à l'égard du patronat.

Tandis que le chef de maison bourgeoise conclut un vrai marché à des conditions déterminées avec ses domestiques, le propriétaire d'hôtel n'entend se lier par aucun engagement; selon le plus ou moins de travail, il occupe plus ou moins de personnel, tel un entrepreneur de chantiers. C'est pourquoi on les appelle tous deux patrons: c'est-à-dire qu'ils sont censé enseigner eux-mêmes de leurs mains le travail à leurs ouvriers. C'est ce qui leur arrive souvent d'ailleurs, mais dont ils pourraient bien se dispenser s'ils avaient un personnel attitré.

Mais aussi démodé ce vocabulaire des anciennes gens de maison ; plus d'égards réciproques. La consigne d'aujourd'hui est le qui vive.

Et laquelle d'ailleurs auriez-vous à notre place, Messieurs ? Est-ce notre faute si nous ne voulons plus connaître personne, si nous sommes dégoûtés de vos établissements ? Au moindre cahot du char, nous sommes jetés par dessus bord. Toujours dans l'incertitude du lendemain, dans l'anxiété du moindre événement, tels des oiseaux sur la branche, nous menons une vie insupportable. Le travail n'est plus qu'une galère et les patrons des tyrans.

Vous avez l'air aussi de nous faire la charité parce que, dites-vous, vous nous sortez du pavé où nous resterions toujours comme des gens sans métier. Or, vous-mêmes êtes les premiers à refuser d'embaucher un ouvrier qui connaîtrait son service à fond. Après tout, qu'à cela ne tienne ! On s'y astreindrait à l'apprentissage, s'il le fallait. Il existe bien des écoles professionnelles de ce genre à l'étranger ; et j'imagine qu'on ne doit pas y donner des leçons de routine telle que nous la pratiquons chez vous.

On doit y enseigner probablement, outre le travail manuel, des notions utiles sur les administrations auxquelles on a le plus souvent rapport (chemins de fer, poste, sûreté générale), peut-être bien aussi un cours de civilité, un vocabulaire usuel des principales langues étrangères ; enfin sûrement l'amour et l'estime de sa profession, la conscience de ses responsabilités, de ses droits comme de ses devoirs.

Si vous persistez, Messieurs les Patrons, à

dire que vous nous sortez du pavé, est-ce là votre meilleure réclame ? Comment ! Vous donneriez accès à votre maison à des vagabonds, des gens suspects, sinon des repris de justice ! Tartufes ! Vous nous méprisez en public, tandis que vous savez très bien que vous ne prenez jamais personne qui n'ait son casier judiciaire blanc ! Mais lors même que vous n'auriez pas cette garantie et que réellement nous fussions des échappés du bagne, serait-ce un prétexte pour vous de dégénérer des principes essentiels de civilisation, d'être injustes à notre égard ?

Le 18 mai 1905.

PARAGRAPHE IV

Vous prétendez aussi, Messieurs, que vous nous procurez chez vous un bien-être que les ouvriers des autres corps d'état n'atteignent que très rarement. Excusez-moi de vous réfuter encore sur ce point. D'abord, le prix moyen de la journée n'est pas sensiblement supérieur ; à savoir : 2 fr. 50 de rétribution, plus la nourriture qu'on ne peut évaluer, vu sa médiocrité, à plus d'un franc ; soit au total 3 fr. 50, salaire moyen d'un ouvrier de métier. Mais ce qui rompt l'équilibre en notre défaveur est la durée même du travail qui, des dix heures légales, passe aux quinze ou seize heures, indépendamment des veillées de garde. Croyez-vous que cette différence exhorbitante ne soit pas une compensation largement suffisante aux quelques années passées en apprentissage dans une époque de la vie, d'ailleurs presque nulle en travail réel, susceptible d'être tant soit peu rétribué.

Autre point de vue. Je vous trouve un fier aplomb d'affirmer que vous nous payez. Or avec quel argent, s'il vous plaît? Faut-il donc faire savoir au public que les maigres appointements que vous nous allouez ne sont prélevés que sur ce qui nous est déjà dû? Qu'avez-vous, en effet, à fureter dans les troncs réservés au service? Pensez-vous que nous ignorions le calcul ou que nous nous prendrions au collet, lors du partage?

Il faut que vous sachiez que ce dépôt est sacré, qu'il est notre propriété exclusive, un don de la main à la main pour des attentions spéciales, une prime au savoir faire individuel, et en tous cas une récompense d'un travail supplémentaire. Mais la corvée journalière, la mise en place, l'entretien du matériel qui tient la majeure partie du temps, est-elle payée? Vous savez bien que non.

D'autre part, puisque nous ne sommes chez vous qu'au jour le jour, il est de toute justice de nous payer aussi chaque soir, au lieu que nous sommes obligés d'attendre à la fin du mois pour toucher ce qui nous appartient. Si encore nos fournisseurs voulaient s'en accommoder? —

Durant cet intervalle, nos deniers font les frais de votre commerce quotidien; ils rapportent un intérêt réel que vous accaparez aussi sans remords. Mais si le résultat contraire se produisait, qu'au lieu de procurer du bénéfice, ils fussent englobés dans une faillite, quelle responsabilité ne serait pas la vôtre!

Le 20 mai 1905.

PARAGRAPHE V

Je crains, Messieurs, que ces discussions sub-
tiles ne vous touchent guère. Si vous le voulez,
j'irai battre l'air d'un autre côté. Et si je
n'atteins que des moucherons inoffensifs, j'aurais du moins satisfait mon humeur batailleuse.
Et puis, enfin, ne mêlerais-je pas quelques
éloges à tant de reproches ?

Oui, vrai ! la bûche est dure dans les hôtels,
mais un grand geste de libéralité patronale
vous attend à la fin de la journée. « Un louis,
peut-être ? — Non — Une table réconfortante ? —
Vous manquez de flair. — Notre nom porté à
l'ordre du jour pour le lendemain ? — O idée
burlesque ! pensez donc au plus pressé : le loge-
ment, quoi !—Ah ! pour le coup, c'est le cas ! Une
mansarde ouverte à tous les vents, un misé-
rable grabat fait de loques sordides, une
atmosphère empestée par le voisignage de
débarras de toutes sortes, des meubles tombant
de vétusté, la vermine grouillant sur les parois
lézardées ? — Oui, c'est cela ! Tu l'as décrit
mieux que je ne l'aurais fait moi-même. Je
comprends à ce trait que tu dois être un confrère.

Vous pensez bien, lecteur, qu'il faut être
réellement brisé de fatigue pour se résoudre à
rejoindre ce taudis. Et encore ne vous y laisse-
t-on pas toujours tranquille. A la moindre
alerte, c'est à ce réduit que l'on vient frapper
d'abord ; et de partir immédiatement. Car c'est
à cette seule fin que les patrons se résignent à
nous offrir ce luxe. Belle générosité donc, ainsi
que vous le voyez.

Le contraste frappant de ces bouges hideux avec les appartements si cossus que nous fréquentons tout le jour, me serre souvent le cœur, tellement que je suis à me demander s'il ne serait pas préférable de leur faire cadeau de leur grabat et de nous payer nous-mêmes au dehors le repos de la nuit. Sans parler de l'amélioration du confortable, l'essai en vaudrait encore bien davantage au point de vue moral. Le changement de milieu soulage nos sens énervés, tandis que les quelques heures de liberté absolue nous permettent de ressaisir toute notre personnalité, de nous sentir hommes, enfin.

Devrait-il être besoin d'insister sur le droit de l'employé au repos absolu? Croit-on notre souffle infatigable et nos muscles d'acier! Les bêtes de somme sont, ma foi, mieux traitées que nous. Car si on leur impose une corvée anormale, on leur accorde pendant le jour le repos mérité. La raison en est que le bétail s'estime par l'argent, tandis que la vie humaine, pour être au-dessus de toute comparaison de prix, n'en est que moins appréciée dans la pratique. Un homme commence-t-il à être usé? C'est regrettable ; mais comme l'on n'y peut rien, le plus simple est de céder sa place à un autre plus robuste, en attendant le tour à celui-ci de s'effacer devant un troisième, et ainsi de suite. C'est écœurant.....

A ce propos, je ne puis m'empêcher de revenir sur la question de la garde de nuit. J'y avais fait allusion dès le début, mais trop superficiellement pour n'en pas reparler. Nul doute qu'elle ne soit une nécessité inévitable de votre exploitation laquelle ne se comprendrait pas, n'aurait plus sa raison d'être si on lui imposait des solutions de continuité. Entendu. Mais du moins faudrait-il éviter que la réalisation de ce mouvement perpétuel ne laisse tomber sur nous seuls tout le poids des difficultés.

Vous conviendrez, Messieurs, que jusqu'ici ce souci ne vous a guère préoccupés. Des grèves récentes à propos de cette question auraient dû vous suffire cependant à la faire porter à votre ordre du jour. La grève a avorté sans doute, pour ne pas faire exception à la généralité, mais le motif en est-il moins légitime? Quant à moi, je ne trouve rien que de très naturel à se refuser à une corvée de quarante heures consécutives. Un délai si long est illégal, immoral, intenable autant pour les forces corporelles que pour l'éveil constant de la volonté.

L'énergie vitale sensiblement atrophiée, il ne peut plus dès lors être question de responsabilité, puisqu'il n'y a plus possession absolue de soi-même, tant pour le défaut de lucidité de raison, que pour la dépendance de ses actes. Si donc la responsabilité de l'employé est notablement infirmée du premier chef, elle est complètement annulée par le second, pour la bonne raison qu'on ne peut nous obliger à rendre compte d'actes commandés en dépit de la légalité. Nous ne voulons répondre que du droit commun; tandis que l'assujettissement à la garde en est un défi!

Sûrement, le client ne réfléchit pas à ces distinguo quand il nous parle des intérêts commerciaux qu'une négligence de notre part compro-

mettrait gravement. Des affaires pressées.....
des intérêts en jeu? Qu'est-ce que cela peut nous
faire? Sommes-nous bons de nous tracasser,
sachant que nous n'en retirerons aucun bénéfice.
Mais si les affaires sont des affaires, que les
intéressés y donnent ordre eux-mêmes!

Guerre donc au travail de nuit! Le service de
jour n'est déjà que trop long. Telle est en deux
mots notre franche opinion; et certes, s'il ne
dépendait que de nous, vous pourriez bientôt
voir nos actes s'y conformer; mais des causes
qui nous touchent de trop près nous obligent
souvent à des concessions.

Puisque vous tenez donc à nous maintenir
votre confiance, nous voulons bien vous assurer
notre bonne volonté, mais à la condition de ne
nous engager sous aucun risque. Voulez-vous,
messieurs, nous rendre responsables de la garde?
Faites payer les réveils. Je suis certain que le
voyageur prendrait cela en meilleure part que
toute autre forme de mendicité pour des services fictifs. Le salaire, la justice : voilà qui
peut et doit seul nous lier.

Le 23 mai 1905.

PARAGRAPHE VI

Passons à un autre ordre d'idées, et abordons
si vous le voulez la question du délai-congé
appelé vulgairement les « huit jours ». Peut-être
là-dessus pourrais-je aller contre l'opinion de
quelques camarades; mais ceux-ci n'ignorent
point qu'en regard de leurs arguments il en est
d'autres d'une portée aussi réelle.

L'on sait que le système d'embauchage, tel

qu'il se pratique dans les hôtels, cafés ou restaurants, ne comporte pas l'usage des huit jours. Mais qu'à cela ne tienne! Ce n'est après tout qu'un règlement purement conventionnel susceptible d'être transformé par une entente générale.

Les principales objections contre l'obligation du délai-congé se réduisent aux trois suivantes : 1° L'impossibilité durant ce délai de faire des recherches sérieuses, faute de temps suffisant ; 2° Dans le cas de l'entrée en nouvelle place à tel jour fixe compris dans le délai, l'inconvénient du remboursement à l'ex-patron de la durée qui reste à écouler ; 3° Enfin, les patrons, de leur côté, allèguent les représailles possibles de l'employé toujours quelque peu surpris si non mécontent à la suite de la signification du renvoi : travail négligé, gaspillage de marchandises, brutalité contre le matériel, etc. Cette dernière objection est trop stupide pour nous arrêter à la réfuter. Quant aux deux premières, qui ont une certaine apparence de fondement, je ne les trouve pas suffisantes pour abolir le délai-congé.

Au contraire, il existe de nombreuses et fortes raisons en faveur de son maintien, de son emploi obligatoire même.

1° C'est un acte de courtoisie élémentaire comme de franchise.

2° Il remédie en partie au chômage qui suit généralement tout congé, en laissant aux intéressés toute l'attitude de faire des recherches.

3° Il procure l'occasion de rendre possibles des explications réciproques et d'amener souvent les parties adverses à une nouvelle entente solide.

N'avez-vous pas remarqué en effet que tous nos changements sont dus à un acte de vivacité patronale ou un caprice de notre part? Vivacité ou caprice qu'on a regrettés dans la suite, mais trop tard : le mal était fait.

4° Enfin, l'usage des huit jours empêche le redoublement d'emplois en assurant à chacun d'eux un titulaire permanent. Certes, notre tâche quotidienne est déjà assez chargée pour nous dispenser du cumul de plusieurs places vacantes.

Ces quatre raisons sont assez péremptoires d'elles-mêmes; mais s'il fallait une autre preuve convaincante, je n'aurais qu'à vous rappeler, Messieurs, les importants débats auxquels cette question a donné lieu à la Commission gouvernementale du travail, et les nombreux articles du projet de loi destiné à la mettre en vigueur.

Et Dieu sait s'il fut jamais un règlement plus opportun; car il n'était que temps de mettre un frein à votre démangeaison de changement de personnel. Nous sommes déjà assez malheureux que la fragilité humaine soit sujette à des écarts inconscients; si, d'autre part, le patronat se montre irrémissible, je ne comprends plus rien à l'existence; je me plante là, et que ceux qui sont infaillibles continuent à leur aise.

Le 24 mai 1905.

PARAGRAPHE VII

« Tant pis pour toi, dirais-je à la rigueur, si le pain te manque. Tu ne veux rien savoir de discipline; tu fais des excès qui t'empêchent de travailler le lendemain; enfin, l'on ne peut se fier à toi ». Mais je constate aussi que les camarades les plus dévoués ne sont guère mieux vus, et leur sort dépend, comme le mien, du premier hasard venu. J'ai remarqué maintes fois que les tempéraments timides étaient justement les premiers à recevoir les charges désagréables.

C'est ainsi, par exemple, que vous vous en remettez à notre bon dos lorsque, à bout de patience envers des clients importuns, vous nous chargez de communications difficiles, volontairement équivoques ou aléatoires et presque toujours empreintes de vivacité. Si on ne les remaniait en route pour leur donner une couleur de vraisemblance ou une forme parlementaire, peu s'en faut que nous ne fussions reçus par de mauvais coups.

On s'est donc foulé les méninges à vouloir contenter tout le monde et son père. Peine inutile : lors des explications tête-à-tête entre client et patron, nous sommes désavoués; on nous fait un crime de nos euphémismes; nous avons dénaturé la vérité, manqué aux convenances et que sais-je encore? Bref, il faut disparaître de l'établissement sous peine de perdre la clientèle.

Pour désarmer cette colère insensée, on s'éclipse pour quelque temps, sauf à reparaître bientôt et recommencer la même comédie pour un plus fou encore, trop heureux d'être repêché chaque fois. Mais tant va la cruche à l'eau qu'enfin elle se casse; et je vous laisse à penser les diverses réflexions qu'on se fait en en ramassant les débris épars.

C'est ce vieux proverbe qui vient d'abord à l'esprit : « Ne mettez jamais votre main entre l'écorce et le bois » c'est-à-dire ne vous mêlez pas aux querelles qui arrivent parfois entre amis ; contre vous se retourneraient tous les ressentiments. En second lieu notre grand tort de nous substituer à l'autorité, de jouer au petit patron, et pour quel profit ? Nous brûler les pattes à retirer les marrons du feu pendant que Bertrand les croque...

Enfin celle-ci, la moins digérable assurément ; je veux parler de cette inconcevable faiblesse de caractère dont font preuve les patrons en regard de notre dévouement à leur service, de notre zèle à prévenir leurs souhaits. Voyez avec quelle désinvolture notre sort est décidé à pile ou face, débarqués comme des gens encombrants, désavoués comme des inconnus sans foi ni loi.

Cette ingratitude suffirait à elle seule à dégoûter du bien, à faire « jeter le manche après la cognée », si l'on n'avait une forte trempe d'éducation morale. Et certes il y aurait beaux jours que les chantiers seraient déserts si nous n'avions d'autre but que celui de plaire au patronat.

PARAGRAPHE VIII

Mais de là à nous rebuter à cause de leur froideur, c'est différent. Car nous savons toujours ce que nous avons à faire ; nous ne perdons jamais de vue notre condition d'êtres raisonnables, ni la raison de notre existence.

Nous ne sommes pas si sottement orgueilleux d'affirmer que nous travaillions par fantaisie, manière de distraction. Nous n'expérimentons que trop combien la moindre relâche nous assimile bientôt à la misère ; seul le travail nous garantit de ses atteintes.

Indépendamment de ce motif, nous travaillons surtout par raisonnement. La raison, dit Pascal, nous commande bien plus impérieusement qu'un maître ; car en désobéissant à l'un, on est malheureux ; en désobéissant à l'autre on est un sot. » Nous agissons, dis-je, par conviction, parce que l'attention consciencieuse aux petites choses est une excellente préparation au gouvernement de plus considérables ; nous écoutons tout sans regimber parce que l'obéissance est la meilleure école du commandement.

Par notre imperturbable sang froid, nous déroutons les sourdes menées du patronat, qui ne cherche qu'à nous pousser à bout et nous éconduire comme des malpropres. Je veux même que notre philosophie les incline à de meilleurs sentiments envers nous, sinon à des rapports plus cordiaux.

En tous cas, c'est la satisfaction du devoir accompli, d'être bien avec soi-même, et par suite d'après le proverbe, c'est l'art d'être heureux. Ainsi soit-il.

Le 26 mai 1905.

DEUXIÈME PARTIE

DEMAIN

> « Eveillons en chaque être humain la
> conscience de l'humanité, et cha-
> cun retrouvera claire et féconde
> la notion du devoir. »
>
> (DÉHERME. *Coopération des Idées*).

INTRODUCTION

Est-ce le milieu social qui fait les individus —
ou les individus le milieu social? Vu l'inhé-
rence fatale de ces deux facteurs, on peut dire
que leur influence respective se balance; car si
le milieu social nous absorbe tout entiers jusqu'à notre majorité, à notre tour, devenus
citoyens, nous collaborons directement à la con-
fection des lois, au fonctionnement des services
publics, en même temps que nous exerçons
dans notre entourage une action très effective,
quoique latente, par l'ensemble de nos paroles
et de nos actes.

D'autre part, si dans la pratique, ainsi que je
viens de le prouver, c'est le milieu social qui
entre le premier en action, son origine histori-
que démontre au contraire qu'il n'est que la

résultante d'un groupement d'individus distincts et libres. D'où je conclus que pour changer le milieu social, il faut commencer par changer les individus qui le composent. C'est le rôle de la morale sociale.

La morale sociale est la règle des mœurs civiles, c'est-à-dire des rapports réciproques entre les individus eux-mêmes, et ensuite avec la collectivité. Elle diffère de la morale proprement dite ou simplement individuelle en ce qu'elle pose les bases de l'économie politique. Elle prend l'homme à son origine dont elle définit la nature, préside ensuite à son éducation intellectuelle et à son entrée dans le mouvement public, le guide et l'encourage dans la carrière préférée de ses aptitudes, indépendamment des traditions ancestrales et des influences environnantes. Chacun se trouvant ainsi à sa place, tout le monde à la tâche, rivalisant d'ardeur pour le bien public : voilà l'idéal de la morale sociale.

L'action gouvernementale n'a qu'à laisser faire. Tout ce qu'on lui demande est de veiller à l'ordre général et de parer aux éventualités dont chacun de nous peut être victime. Et elle le peut bien avec la somme immense des sacrifices que nous lui accordons volontiers d'ailleurs.

Le 23 mai 1905.

PARAGRAPHE PREMIER

Qu'ils voient le jour dans une hutte de marinier, une chaumière de campagne ou une mansarde d'ouvrier — comme dans un appartement bourgeois ou un palais princier ; — que des loques informes cachent à peine leur nudité ou qu'ils étouffent sous l'amoncellement d'un luxe raffiné, ces petits êtres vagissants que nous appelons nos fils et l'espoir de la France, n'en sont pas moins égaux pour ce qui ne dépend que d'eux : même langage incompréhensible, même inconscience de leur être, même impuissance à entretenir une vie précaire, même ignorance du monde extérieur, même incertitude de l'avenir.

N'empêche qu'une superstition invétérée fera dire des premiers : « Gueux tu es né, chemineau tu resteras, jamais tu ne lèveras une tête altière », — et des seconds : « Dignes descendants d'illustres aïeux, vous imposerez votre volonté aux autres, vous ne céderez jamais aux solicitations du peuple audacieux ». Quel mal s'il vous plaît, vous ont fait les uns et quel bien les seconds pour les vouer ainsi irrévocablement, soit au servage, soit à la domination ?

Le philosophe, heureusement n'en juge pas ainsi. Lui ne veut voir dans ces corps chétifs qu'une même conformation de nature, à la fois raisonnable et animale. Vous ne le sortirez point de là. « Remarquez, nous dit-il, cette variété infinie de genres résultant de la répartition arbitraire, sans acception des conditions originelles de chacun, des divers éléments principaux ou accessoires de notre existence. Tel, destiné de par nos présomptions à la parade de l'autorité, se voit affligé d'infirmités désagréables. Un autre que sa mère voit déjà en robe d'avocat aura de la peine à s'exprimer pour demander l'indispensable de la vie : il est idiot. — Au contraire, un enfant du peuple (c'est déconcertant, vraiment !) témoigne dès son bas-âge d'un tempérament tenace, d'une ambition étrange; une santé frêle, une physionomie banale contiendront une intelligence vive..... Qu'est-ce que cela signifie, sinon cette grande loi de l'égalité au début de notre carrière !

L'enfant grandit : l'horizon s'étend aussi ; le chaos se démêle tous les jours ; chacun se rapproche des siens. D'un côté, tout ce qui vit d'or et de superflu. Là, une physionomie agréable tient lieu de vivacité d'intelligence; la fierté remplace la capacité ; la prodigalité supplée à la morale; une réserve inépuisable de richesses compense l'amitié et les grâces extérieures. .

A gauche, la fourmilière innombrable de la Société ouvrière, avec l'esprit délié et inventif, mais sans moyens d'exécution ; l'âme ardente et tenace, mais en butte à chaque pas à des obstacles impossibles à éviter; l'instinct d'ordre et d'économie, mais souvent débordé de charges dispendieuses; des convictions morales solides, mais d'un attachement trop exclusif à son métier ou à la terre. .

Cette séparation qui s'est opérée d'elle-même n'aurait pas de si graves conséquences si ce n'était l'éducation immorale qu'on y professe et qui a fait toutes les générations passées. En effet, tandis qu'aux premiers on enseignait le dédain de l'ouvrier, l'horreur du dénûment, la tyrannie contre le droit, la méfiance contre l'initiative populaire, aux seconds, elle prêchait la considération pour les grandeurs, la résignation à la dépendance, le détachement des biens terrestres,

la servitude même souriante. « Soyez bons serviteurs pour avoir de bons maîtres », nous per-
suadait-on jusqu'ici.

Erreur profonde, ou pour dire vrai, hypocrisie
odieuse! Car tous les efforts en vue de nous
retenir dans le *statu quo* de notre état précaire
n'avaient pour but que de consacrer la prescrip-
tion qui avait fait leur situation privilégiée.
Maintenant, le fait est accompli dont nous sup-
portons les désastreuses conséquences. Lesquel-
les? me dites-vous — La principale est d'avoir
laissé rompre à notre préjudice l'équilibre har-
monieux d'avantages et de défauts que nous
avions remarqués dans toutes les classes sociales. La noblesse s'est attribuée la carrière des
armes, les hauts emplois de l'Etat. Les professions libérales, la fortune commerciale occupent
la bourgeoisie. Reste pour le peuple le menu
fretin de l'agriculture et la petite industrie, c'est-
à-dire le travail le plus pénible et à la fois le
moins rémunéré.

Evidemment, cela fut décidé sans souci de
savoir si chacun était réellement apte à son poste.
Voilà comment les emplois de l'Etat avaient
souvent à leur tête des courtisans légers ou
ignorants; les armées étaient commandées par
des hommes efféminés; des tempéraments stu-
dieux ou de goûts rustiques (je veux dire ama-
teurs de la poésie champêtre) étaient voués à la
vanité des salons. Des bourgeois sans instruction achetaient les charges publiques qu'ils
remplissaient du reste tout juste honnêtement.
Enfin, comme garantie de stabilité de cette
situation anormale, l'esprit de caste, encore si

puissant de nos jours, montait la faction devant
les tribunaux, tenait si longtemps à l'index les
ouvrages moraux et les découvertes scientifiques,
persécutait les philosophes désireux de réveiller
le peuple de son sommeil léthargique, nommait
sédition toute réunion quelconque; en un mot
entretenait la guerre civile par de continuelles
provocations des susceptibilités de classes.

Il va de soi que je n'incrimine pas de préten-
tieuse ignorance toute la noblesse, ni toute la
bourgeoisie de vénalité. Mais ces exceptions
n'en subsistaient pas moins et fort nombreuses.
En regard, j'ajouterai que les rares célébrités
historiques issues du peuple ne durent de suivre
jusqu'au bout leur étoile qu'à des protections
fortuites ; sans quoi, malgré tout leur génie, leur
virilité débordante, ils eussent traîné comme
leurs frères une vie languissante dans un ennui
mortel, la méconnaissance de leurs aptitudes
par les contemporains, la jalousie des ignorants,
la fréquentation de gens sans morale ni éducation, l'obligation d'un travail incessant et abject.
Ils eussent expérimenté ce mot de La Bruyère :
« Qu'il est difficile à celui qui est sans nom,
sans prôneur ni cabale, qui n'appartient à aucun
corps d'état et dont le mérite seul est toute sa
recommandation de se faire jour, tandis qu'un
fat est si vite en crédit ! »

N'est-ce pas que le profond écrivain a bien
dépeint les mœurs légères de notre société dans
ces quelques lignes ? — « De la société des xvii°
et xviii° siècles ! me répond une voix; mais cela
est changé depuis cent ans, lors de l'abandon
des privilèges dans la mémorable nuit du

4 août 1789. » — Vous vous êtes mépris sur ce motsonore de Révolution. La Constituante, mon cher ami, posa bien des principes dans la déclaration des Droits de l'Homme, mais il lui manqua le temps d'en assurer le fonctionnement par des œuvres de garantie. Elle nous fit entrevoir une ère nouvelle, une autre atmosphère de civilisation moderne. Or, peu s'en faut que nous ne soyons dans le même accroupissement de jadis.

Car ce n'est pas tout que de prendre une Bastille d'assaut, renverser des tyrans, démasquer les hypocrites : c'est le premier acte préliminaire ; c'est le terrain dégagé ; mais la restauration de l'équilibre social n'est pas encore commencée. Le simple déplacement de l'autorité, la réforme d'une seule institution supérieure ne saurait être une solution efficace, parce qu'incomplète puisqu'elle laisserait de côté la vie intime de l'homme pourtant d'une influence capitale dans les relations civiles. Point n'est besoin de génie pour démolir ; il ne faut qu'un coup d'audace ; mais la reconstruction de l'édifice d'après un plan plus conforme à son utilité future demande une longue continuité d'efforts. Mais effort veut dire initiative individuelle, volonté constante d'aboutir à un résultat déterminé.

Nous sommes d'accord que le milieu social actuel laisse fort à désirer. Pourquoi ? sinon que chacune des unités qui le composent est elle-même défectueuse. D'où je conclus qu'il ne saurait y avoir de révolution efficace sans la réforme de l'éducation individuelle. En effet, peut-on se faire l'idée d'une société libre, honnête et composée de citoyens égoïstes, d'êtres qui n'auraient rien d'humain que le nom, esclaves de l'erreur, abrutis par le cabaret et les basses passions ?

Le 30 mai 1905.

PARAGRAPHE II

Quel sera le mobile de l'éducation nouvelle ? L'on sait que celui de l'éducation ancienne était la crainte. Sera-ce maintenant une réaction vindicative ? Passerons-nous d'une extrémité à l'autre ? Non, car l'excès est toujours funeste. A mon avis, l'émulation est encore le meilleur ressort agissant sur le peuple ; en d'autres termes, l'équilibre social sera plutôt réalisé par l'ennoblissement de classe ouvrière que par la destitution des autres plus élevées.

Au lieu d'atiser son envie contre des avantages d'ailleurs plus souvent imaginaires que solides, de s'obstiner à des menaces puériles contre des citadelles inaccessibles, ne serait-il pas plus à propos de chercher à tirer profit de ces vastes plaines que nous piétinons, d'ouvrir les yeux sur l'infinie variété de ressources d'invention que nous possédons en nous-mêmes, comme de puissance d'exploitation, si nous savions mettre en commun nos volontés, ainsi que la communauté de nos intérêts devrait nous le suggérer ? Tel est aussi le programme de l'école nouvelle.

Je l'appelle de ce nom parce que, au fait, elle ne date que de vingt-cinq ans. Oui, je le répète : la grande révolution esquissée en 1789 n'a réellement commencé d'entrer en vigueur pratique qu'en 1881. Oui, il y avait beaux jours qu'on nous avait dit : La souveraineté est au peuple,

Mais comme d'un outil dont on ignore l'utilité et le maniement, nous n'en avions cure, et non sans raison : les armes (et l'autorité en est une) sont toujours dangereuses entre des mains inexpérimentées. Longtemps nous avons hésité à en garder la possession définitive ; c'est l'explication de ce changement si fréquent de régimes qui caractérisa le XIXᵉ siècle. Aujourd'hui, nous avons pris de l'assurance et nous sommes fiers de nous enrôler à l'apprentissage de cette singulière distinction qu'est la souveraineté nationale.

Quoi donc ! L'on enseignera aux roturiers la stratégie, la politique, l'éloquence ! Comment tout le monde régnera-t-il à la fois ? Vous extravaguez, sans doute ?

Nullement. Tout homme est roi qui par ses convictions d'être raisonnable rend inutile toute force répressive. Tout homme est roi qui ayant un idéal bien délimité en veut être seul artisan pour n'avoir ainsi d'obligation à personne. Est-ce donc de l'extravagance qu'un tel enseignement parce qu'au lieu de prêcher l'effacement de notre personnalité, comme le faisait l'école ancienne, il cultive au contraire en nous tous les éléments d'action en vue de notre émancipation matérielle, et surtout morale ?

Or, cet enseignement n'est pas exclusif à l'élite du peuple (si le rapprochement de ces deux termes n'offusque pas votre esprit), je veux dire à cette partie du peuple qui avoisine les classes bourgeoises, il est bien destiné à cette grande masse des travailleurs de la terre, des ouvriers de métiers, et tous gens vivant au jour le jour du fruit de leurs sueurs ; la Société ne se désinté-

resse d'aucun de ses enfants, sans en excepter
le plus ingrat qui dans sa geôle sombre hurle en
rongeant le frein. Cet enseignement, dis-je, est
accessible à tous, d'où l'obligation morale pour
chacun d'en prendre le plus de part possible.

Enfin, quand j'aurai annoncé qu'il est absolument gratuit, vous direz avec moi que s'y montrer indifférent, c'est faire acte d'inconscience,
d'ingratitude envers la Société qui, dans ce but,
s'est imposé des sacrifices énormes.

Le 4 juin 1905.

PARAGRAPHE III

« Après le pain, le premier besoin du peuple
est l'instruction », disait Danton. Voilà pourquoi
parallèlement à l'instinct naturel de conserva-
tion, on a édicté des lois pour rendre l'instruction obligatoire en attendant de la rendre gratuite à tous les degrés.

L'école obligatoire, c'est l'enfant arraché à la
stupidité routinière des parents; c'est l'inocula-
tion des idées premières du bien, du vrai, l'in-
tuition de notre personnalité, de l'importance de
notre rôle futur dans la vie selon notre initiative
plus ou moins consciente. Apprendre à l'ado-
lescent qu'il doit être le principal artisan de sa
destinée, c'est-à-dire son premier maître d'affaires, c'est l'immiscer sans qu'il s'en aperçoive
à la vie civile et nationale, en faire un facteur
intéressé du bien public, un employé conscien-
cieux, un citoyen éclairé, un patriote convaincu.

L'instruction gratuite à tous les degrés, c'est
la porte ouverte à toutes les carrières libérales,
aux fonctions supérieures du gouvernement, et

en général, la satisfaction pour tous de ce droit impérieux à la justice égalitaire, à la vérité toujours de plus en plus passionnante à mesure qu'on en découvre quelques parcelles; et au bien moral d'autant mieux apprécié à proportion qu'il comporte de nouvelles sanctions.

L'éducation nouvelle ne s'intéresse pas seulement à la classe nécessiteuse; elle a aussi pour but d'harmoniser l'éducation de toutes les classes, en vue d'une action d'ensemble, tout en respectant l'idéal de chacune. Dans ce mouvement simultané vers une orientation commune, il ne sera plus question de distinction d'origine, ni de considération acquise, ni de privilèges. Il n'y aura que de l'émulation. Le génie sera accueilli avec joie qu'il vienne du peuple ou des classes supérieures. Les grands problèmes sociaux seront envisagés plus impartialement, en dehors de l'esprit de caste, à l'unique clarté de la solidarité générale.

Les sciences, les arts faussement considérés jusqu'à ce jour comme un passe-temps luxueux n'en paraîtront dorénavant que plus utiles en ce sens qu'en restant un des premiers plaisirs moraux pour les uns, ils sont une source très importante de rapports pour l'industrie. De la compréhension plus juste de l'artistique à l'amour, à sa propagation rapide, à sa diffusion jusqu'à la portée de toutes les bourses, ce n'est l'affaire que de quelques années.

L'art, la poésie chez l'ouvrier, dans la chaumière! ne crierait-on pas au paradoxe? Un paradoxe, l'ambition de donner au foyer domestique le plus d'attrait possible! Un paradoxe, de chercher à détourner du cabaret les malheureuses victimes du travail!

Le travail manuel lui-même cessera d'être ce désespérant recommencement de la lutte contre la misère, la satisfaction précaire de besoins bestiaux. Mais une fois son rôle bien compris, c'est-à-dire son utilité dans le plan social, le lien étroit qui le fait dépendant du domaine intellectuel, on n'entendra plus ces récriminations aussi vaines que fielleuses et souvent injustes. Ce sera le lot des gens aux goûts simples et modestes, plus robustes de santé que prompts d'intelligence.

Mais comme il n'éliminera pas nécessairement la culture intellectuelle, rien ne l'empêchera d'envoyer des délégués dans les assemblées législatives, les conseils judiciaires, les administrations publiques, en un mot de plaider lui-même ses intérêts, ses revendications, de travailler à lui procurer plus de considération.

Le 8 juin.

PARAGRAPHE III

C'est parfait que la fréquentation de l'école soit obligatoire, mais il y a école et école : d'abord celle dite des « Intellectuels », nom prétentieux donné naguère par ironie à l'enseignement de ceux pour qui le culte de la raison et le règne de la liberté sont le motif et la fin de toute existence; — et vis-à-vis, l'école dite « conservatrice des vieilles traditions », l'enseignement d'après les principes du « Bon ordre », l'éducation ancienne, pour tout dire.

Heureusement, ce dualisme tend à disparaître tous les jours, pour faire place à un seul enseignement national. Désormais, le riche et le pauvre apprendront dans le même livre les les mêmes notions de la vie pratique, les mêmes vérités morales immuables. Les mêmes ébats égaieront leurs loisirs, mettant ainsi les cœurs à l'unisson des intelligences. O scandale! vieille sensiblerie, voilez-vous la face! Le fils de l'artisan qui fraie avec le petit marquis! Quoi! cette engence rustre recevra une éducation pareille à la nôtre! — Vous l'avez dit, c'est cela exactement, et qui plus est, pour comble d'ironie, je ne sache pas qu'aucune des deux parties intéressées se plaigne de cet accouplement qui vous offusque!

Il est vrai, au sortir de l'école primaire, l'on se quitte pour un moment; mais bientôt arrivent les vingt ans où l'impôt du sang les atteint. C'est une nouvelle école mutuelle qui recommence. Prolétaires et bourgeois sont rapatriés dans le souvenir de leur commune éducation d'enfance. Oui, plus je réfléchis à cette égale obligation rigoureuse du service militaire, plus je l'admire comme un des principes fondamentaux de la vraie démocratie, un moyen par excellence de réaliser l'unité nationale, ne fut-ce que par un motif de défense contre une invasion étrangère. Je veux qu'après avoir toutes mordu à la « boule de son », il n'y ait plus cette distinction égoïste de classes; qu'il n'y ait plus ni château, ni chaumière, ni rentiers, ni ouvriers. Il n'y aura qu'une seule patrie, dont chacun de nous est intéressé à son indépendance et à sa prospérité.

Voilà pour l'opinion générale. Mais il est impossible que ce coudoiement d'enfance, ces relations de camaraderie n'aient pas une influence plus spéciale dans la pratique de la vie, dans les rapports quotidiens d'ouvrier à patron, d'artisan à savant, de modeste employé à patron. Ce compagnonnage, dis-je, ne doit pas qu'apporter plus de bienveillance dans les relations civiles, il permet en outre à chacune des parties extrêmes de montrer à l'autre ses aptitudes, de s'apprécier mutuellement. Tandis que l'ouvrier manuel orne son intelligence, polit ses mœurs au contact de l'ouvrier intellectuel, ce dernier peut admirer à son tour le bon sens pratique, le courage moral et la probité qui honorent le peuple.

Idéaliser le travail manuel et rendre plus immédiatement utiles les données de la science par une application directe à nos besoins, habituer l'ouvrier à penser et « le penseur à ouvrer » selon une ancienne expression, tel est le but de la nouvelle école.

Or, cette compénétration réciproque est non seulement à désirer, elle est absolument nécessaire pour la marche normale de la vie sociale ; « Dans une démocratie, dit G. Séaille, il est nécessaire que les hommes qui travaillent et ceux qui pensent aillent les uns vers les autres, prennent de plus en plus conscience de la solidarité qui les fait ouvriers d'une œuvre qui ne peut s'accomplir que par leur concours ».

Que la face de la terre serait bientôt changée si tous les citoyens, au lieu de se regarder de mauvais œil à propos d'intérêts mesquins, rivalisaient d'ardeur pour le bien public; si, abandonnant leurs théories respectives, ils unissaient leurs efforts pour l'amélioration de leur condition sociale! Que ne se tendent-ils déjà la main tous ces rouages divers, sans doute d'action plus apparente les uns que les autres, mais pourtant également indispensables, par suite aussi également dignes d'intérêt et de soins urgents. La Société accepte avec empressement tous les concours. Certes, les classe élevées ne manquent pas de faire ressortir l'importance du leur; mais celui de la classe ouvrière serait-il moindre?

En effet, sans parler du sens commun à peu près également réparti entre toutes les classes, il se rencontre parmi les conditions les plus modestes des esprits d'une puissance rare de conception, d'une largeur surprenante de vues générales, d'une force indomptable de courage et dont le contact quotidien est une véritable fortune pour les contemporains.

Et le nombre est grand de ces esprits d'élite ainsi confondus dans le tumulte social, dont le nom ne sera jamais transmis aux générations futures et qui pourtant auront influé tout aussi puissamment sur la civilisation et le progrès que les plus fortunés dont l'histoire ait enregistré les noms. « Car, dit S. Smill, il n'y a pas de personne si humble qui, si elle donne à ses semblables l'exemple de l'assiduité au travail, de la tempérance et de la fermeté de propos n'ait une influence actuelle et durable sur le bien-être de son pays ».

L'exemple, l'action, voilà les facteurs du progrès, le levier des masses. « L'action, c'est le but de la vie humaine » dit Voltaire. Le travail, d'après une autre maxime, « source de plaisirs pour quelques-uns, une loi de nécessité pour le plus grand nombre, et pour tous une condition de moralité et de bonheur », — est une loi naturelle qui oblige tous les hommes ; il facilite les fonctions de notre organisme, développe nos facultés, entretient la force et la vigueur du caractère.

C'est aussi un devoir social : créé pour vivre en société, l'homme a des devoirs envers ses semblables ; il ne peut se désintéresser de la chose publique. Point n'est besoin d'un raisonnement captieux pour démontrer que notre devoir le plus élémentaire est de transmettre à nos descendants le lot qui nous fut attribué à notre entrée en scène ; non un lot tari, improductif, mais au contraire préparé pour de meilleurs résultats.

> « Travaillez, prenez de la peine
> « C'est le fonds qui manque le moins. »

a écrit Lafontaine. La nature qui possède des ressources infinies ne saurait être épuisée par le génie d'une seule génération. Travaillons ; autour de nous, tout nous en donne l'exemple.

Au reste, qu'on le veuille ou non, l'action perpétuelle est une loi fatale tant pour les peuples que pour les individus. Tantôt cette action est précipitée et violente : c'est le cas des révolutions politiques accompagnées de carnage, les crises économiques et commerciales, les dures conditions de guerre imposées aux vaincus ; et tantôt lente et progressive comme celle qui régit le développement des êtres, qui modifie les mœurs d'âge en âge en proportion des progrès de notre condition économique, qui perfectionne tous les jours notre civilisation par l'étude des civilisations étrangères.

Si donc l'évolutionnisme est un fait incontestable, raison de plus pour nous de ne pas rester en arrière. Tout arrêt d'un seul moment aurait des conséquences irréparables. Un arrêt! Mais c'est un signe d'incertitude, de désorientation et pire encore, de lassitude, d'impuissance, de dégénérescence de nos facultés; c'est la porte ouverte aux discussions oiseuses, à l'amour-propre par la satisfaction vaine du chemin déjà parcouru, à la paresse enfin, la mère de tous les vices, le dissolvant le plus rapide de la Société.

A l'œuvre donc! Notre programme est vaste : toutes les vies humaines jointes bout à bout ne suffiraient pas à le remplir. Pensez donc! Etablir le règne de la vérité, de la justice, du génie, de la fraternité!

Quoique si élevé, cet idéal n'est pourtant pas une chimère : Ainsi, qu'un citoyen s'arrête à la porte du cabaret, qu'il résiste aux basses tentations, qu'il prenne conscience de sa liberté : il pose en lui la première pierre de la cité libre; qu'il s'unisse à ceux qui veulent ce qu'il veut; que tous ensemble s'entraînent par l'exemple, voilà le mouvement qui s'élève, recevant une nouvelle impulsion au passage de chaque génération.

Il importe donc que chacun de nous soit convaincu du rôle social qui lui est échu, plus ou moins important selon ses aptitudes, qu'il le prenne à cœur autant que s'il était indispensable,

s'anime de zèle par la constatation des mêmes
efforts autour de lui, s'encourage par l'entrevue
des résultats prochains d'un concours si puissant. A moins d'éprouver plus d'inclination pour
la débauche, une vie d'expédients, l'exploitation
des passions les plus basses, le dénûment absolu.
La triste moralité de cette vile populace destinée
à la réclusion ne saurait, en tous cas, atteindre
l'honorabilité de l'immense majorité des
citoyens.

Je doute d'ailleurs que cette existence aven-
tureuse soit toujours des plus gaies. Mais la
fausse honte les retient dans le bourbier du
vice, esclaves de la misère, de la réprobation
universelle, des passions de plus en plus vio-
lentes au fur et à mesure que les occasions de
s'assouvir se font plus rares. Plaignons-les, car
certainement leurs cerveaux étaient déjà mala-
des avant de s'engager dans une pareille voie.

Le 10 juin 1905.

PARAGRAPHE V

« Oui, il fait bon pérorer de loin sur le travail,
le progrès, nous bercer de l'amélioration de
notre sort. Y croyez-vous vous-même? Pouvons-
nous l'espérer prochainement, grâce à la force
des choses? Prétendez-vous peut-être nous faire
bientôt préférer la peine au repos, et la fruga-
lité forcée à l'abondance? »

J'avais prévu vos objections, camarades. Le
même doute m'envahit aussi parfois. Comme
vous, je suis un vulgaire ouvrier disputant ma
vie à chaque jour; comme vous, je me révolte,

je rugis en moi-même contre les dures conditions du travail. Je me méprise en raison des
nécessités abjectes dont la satisfaction banale et
précaire nous dissipe la plupart de notre temps.
Je demeure stupéfait que les travailleurs de la
terre, autrement dit les bras nourriciers de l'humanité, soient encore si peu considérés, et leur
cause si tièdement défendue; tandis que pour
des intérêts commerciaux d'une exception bourgeoise on met en branle-bas toute une nation ;
pour sauvegarder l'amour-propre d'un souve-
rain on expose des millions d'existences aux
pires calamités.

Il est étonnant que les révolutions politiques,
les sciences pratiques qui ont tant influé sur le
progrès industriel et commercial aient été sans
action sur la condition sociale de l'ouvrier. Il
est regrettable que des lois n'existent pas pour
réglementer le travail, pour empêcher les êtres
humains d'être assimilés à des machines, pour
limiter l'exploitation capitaliste aux éventualités locales, pour garantir le salaire à l'ouvrier,
pour appuyer les justes revendications du pro-
létariat, pour rendre le patronat solidaire de la
condition de l'ouvrier, enfin pour protéger la
liberté du travail.

Evidemment, nous ne pouvons envisager de
gaîté de cœur tant de motifs de ressentiment.
Néanmoins, notre situation n'est pas à déses-
pérer. Elle était bien pire avant 1789, ainsi que
le prouvent maints rapports adressés à l'autorité royale par de célèbres personnalités historiques et littéraires, telles que : Vauban, Féne-
lon, La Bruyère, Turgot.

Pour en revenir à notre condition actuelle, faut-il, à cause de tant de *desiderata*, se répandre en vaines récriminations, lancer témérairement au patronat la question du qui vive? Mais ce serait, vous le pensez bien, en pure perte. Supposons que le peuple s'insurge. Le mouvement public est suspendu, l'on est maître de la place; soit. Mais si la force armée monte la fonction devant l'usine ; mais si le propriétaire reste inébranlable dans ses prétendus droits, tandis que la misère fait tous les jours des progrès effroyables dans les mansardes désolées — tandis que d'autres ouvriers s'offrent par recrues innombrables à reprendre à vil prix la place des insurgés, quelle situation plus critique, plus humiliante!

Où sont les beaux élans de liberté, de solidarité de naguère? Où sont les meneurs eux-mêmes? Aussitôt qu'ils ont vu l'eau trouble s'éclaircir, la violence du courant se calmer, ils ont décampé, mais non sans emporter un respectable butin, non sans avoir appuyé lourdement sur les frais de l'insurrection.

Grève, révolution, mots susceptibles d'effet, grands gestes pour les esprits superficiels; mais en réalité deux choses détestables, occasion de regain pour la classe bourgeoise, cause de déceptions profondes, pour la classe prolétarienne, un des plus grands obstacles à la marche du progrès. A mon humble avis, là ne peut consister le salut final. Ne déplaise au parti socialiste, la lutte des classes n'est que l'anarchie organisée.

A la rigueur, elle avait une raison d'être tant

que le gouvernement avait pour unique mission
la défense des classes supérieures, tant que
l'armée appartenait à ses chefs plutôt qu'à la
nation, que les impôts servaient surtout à entretenir la cour et la bureaucratie, que le peuple
était regardé comme une quantité négligeable
sinon méprisable, bonne tout au plus « à man-
ger du foin et de la paille », d'après une pitto-
resque expression de Voltaire réflétant son
dépit de l'avachissement du peuple du dix-hui-
tième siècle.

Mais de nos jours, l'Etat ou le Gouvernement a cessé d'être l'incarnation d'une indivi-
dualité ou d'une caste pour devenir la résultante des fonctions vitales de la nation. La lutte
de classes serait une anomalie dans ces conditions. A quoi bon, en effet, s'évertuer à nous
chercher des querelles réciproques, tandis que
l'école nouvelle nous prépare un merveilleux
terrain d'entente ? Au moins devrions-nous nous
donner la peine de l'envisager du plus près
possible.

Il ne manque certes pas d'intérêts communs
dont la discussion désintéressée de part et
d'autre amènerait fatalement à des traités satis-
faisants, ainsi que nous en donne des exemples
la politique internationale. Nul doute que cette
prospérité générale sans précédent que nous
remarquons en Europe depuis trente ans est
due surtout à l'accalmie de l'hostilité des peuples, à la rareté des guerres. Des millions et des
millions continuent il est vrai de se dépenser à
fondre des canons, à élever des retranchements,
à monter la garde à la frontière et sur les côtes.

mais ce sont là des mesures purement défensives.

La société moderne si active si résolue ne saurait s'accomoder de vulgaires cabales entre partis politiques, de péripéties de la lutte pour le pouvoir, de succès éphémères, de moyens violents, capables de provoquer des représailles.

Le 15 juin 1905

PARAGRAPHE VI

Plus je creuse ma tête, et moins je trouve d'armes propres à cette lutte gigantesque que d'aucuns rêvent. Alors qu'un ministre tout puissant (Mazarin) ne comptait que sur les « temps et moi » pour arriver à ses fins, comment, nous, pauvres soldats réduits à crier miséricorde au second jour de la bataille, pouvons-nous nous aventurer à un assaut si périlleux?

Avons-nous, en second lieu, un terrain défini de combat? Car il ne s'agit pas de perdre son temps à débusquer un ennemi imaginaire, de dépenser ses forces à battre l'air. En voulez-vous aux personnes? Mais à les prendre une par une, je ne les trouve pas si antipathiques qu'on nous les représente d'ordinaire, ni hostiles à l'action parlementaire. Pourquoi voulez-vous que, réunies en corps, elles donnent un démenti à leurs opinions privées et opposent à nos revendications modérées une fin brutale de non-recevoir? Notre grand tort est de manquer de mesure, de patience et de convictions; très souvent nous perdons notre cause par nos propres fautes.

Même erreur de se ruer sur la propriété. Cette fois-ci encore, c'est lutter contre un fantôme; car il n'existe à la rigueur de propriété que ce qui est inhérent à notre être, sans lequel l'existence ne peut se supposer et qui ne peut être aliéné d'aucune manière sans s'abdiquer soi-même; tels sont : la capacité intellectuelle, les qualités du tempérament, le génie artistique et ses productions.

Mais tout ce qui est susceptible de changer de mains, d'être légué de plein gré ou retiré violemment pour raisons d'utilité publique, d'être transmis de père en fils ou de subir le changement de nationalité n'est que d'une possession relative, mais cependant toujours préférable à la privation absolue; car si instable soit-elle, elle n'en demeure pas moins le symbole de l'autonomie familiale, de l'égalité civile, de la liberté de travail, d'un degré supérieur de civilisation.

Hors ce point de vue, le mot de propriété ne saurait m'exalter outre mesure. Que penseriez-vous, par exemple, de voir m'enorgueillir en vous montrant un désert m'appartenant jusqu'à perte de vue ou toute une montagne dénudée, tandis que pas une racine d'herbe ni un fruit ne s'offrent à ma bouche? Ici, le terrain est fertile; mais si l'ouvrier n'a pas de savoir faire? Dans un autre endroit il y aurait une exploitation de gros rapport; mais si les outils manquent pour la mettre en train, faute de capitaux? Fi donc d'une propriété qui serait inutile, si non à charge! Mieux vaudrait dans ces cas-là la retourner à la Société, son véritable maître.

Si au contraire, elle est une source de revenus

pour son exploiteur, tant mieux pour lui d'abord.
Il est juste que le travail soit encouragé par
quelques succès. Mais le principe de la propriété
ne saurait en être moins intangible de ce fait.
C'est un lot dont la gestion simplement lui a été
concédée, mais à la condition d'une exploitation
consciencieuse, tant dans son intérêt que dans
celui de ses collaborateurs immédiats.

En se mettant à la tête d'un champ d'action, il
prend virtuellement l'engagement d'aider au
progrès de son mieux, de surpasser les résultats
déjà obtenus soit par une meilleure production
au moyen de nouvelles méthodes, soit par
l'abaissement du prix de vente, conséquence
d'un rendement plus intense.

Hélas! un grand nombre de capitalistes reste-
raient oublieux de leurs obligations, mais une
loi impérieuse ne tarde pas à les leur rappeler
de gré ou de force. C'est la loi de la concurrence,
la satisfaction du public de plus en plus exigeant,
le renouvellement incessant de l'art industriel.
Malheur à l'exploiteur qui voudrait se soustraire
au progrès; qui, satisfait de sa prospérité
actuelle relative, s'endormirait sur les avantages
acquis! Il ne tarderait pas de voir sa source de
revenus tarir, tandis que ses émules seraient
débordés d'offres.

En tous cas, la classe ouvrière aurait tort de
considérer pour fin de ses aspirations les minces
améliorations obtenues par ricochet du surcroît
de production et de l'activité patronale. Nous
devons avoir plus d'amour-propre que de nous
contenter de leurs miettes, de l'écume débordant
de leur abondance. Pour si bien intentionné à

l'égard du bien public que puisse être le propriétaire, lui défendrez-vous d'être le premier à
recueillir le principal résultat de ses efforts?
Son activité ne saurait donc nous exempter
d'initiative personnelle.

Encore une fois, la lutte de classes ne me dit
rien qui vaille; car, tant que la législation
actuelle s'en tiendra à l'art. 16 de la procla-
mation de 1793 qui consacre à tort ou à raison *
le principe de la propriété, ce serait contre
l'Etat lui-même, le premier gardien du capitalisme que nous aurions à lutter. D'ailleurs, que
gagnerions-nous au change que le capital ex-
proprié retombe dans le domaine absolu de
l'Etat? Quant à nous, ouvriers, je nous vois
toujours pareils, semblables à ce baudet de la
fable dont la condition ne faisait au contraire
qu'empirer à chaque changement de maître.

Laissons donc le gain des principes à qui aime
de se payer de mots, et admirons la candeur de
ceux qui entretiennent très cher des écrivassiers
pour se faire délivrer des certificats de propriété.
Ce n'est pas le capitalisme qu'il faut abattre; ce
sont les lois déplorables d'exploitation qu'il
faut changer, et sans tarder. Il faut en finir aussi
avec cette mésintelligence entre la classe ouvrière
et la bureaucratie, beaucoup trop importante
pour un pays démocrate comme le nôtre.

Il faut... Il faut, en somme, que chaque
citoyen se retrempe dans la morale civique si
l'on veut que le problème de l'économie sociale

---

* Lire le chapitre sur la propriété dans le *Contrat Social*
de J.-J. Rousseau.

ne reste pas toujours en suspens. C'est nous-mêmes, la classe ouvrière, qui devons être les artisans pacifiques mais résolus de notre condition.

Dans ce but, il ne suffit pas que chacun de nous, prenant cette œuvre à cœur et se mettant à l'ouvrage à part, travaille des années durant sans se rendre compte de la tâche accomplie par les voisins. On ne devrait pas entendre dire : Moi, j'en suis là ; où en êtes-vous vous autres ? — J'en suis là, dites-vous ; où, là ? Mais c'est tout simplement votre point de départ ; vous n'avez fait que marquer le pas. C'est toujours le même bloc qui vous occupe, que vous retournez sans cesse pour vous donner l'illusion d'un grand travail accompli, mais en l'égratignant à peine malgré vos coups redoublés. Peine et temps perdus !

Ecoutez ceci plutôt : Si nous continuons à disperser nos modestes moyens d'action au hasard des conceptions de chacun, nous n'avancerons jamais d'un pas ; mais étant réunis, ils constituent une force capable de venir à bout de tout.

En outre, il importe dès le début d'avoir une idée bien définie de notre idéal, auquel nous rapporterons tous nos actes comme à un point de mire, à l'aboutissement duquel doivent tendre nos discussions. Défions-nous des courants passionnés d'opinions extrêmes qui pourraient nous en distraire un seul moment. Si nous n'ajoutons qu'une créance médiocre aux pamphlets des journaux dépités de la stabilité de notre gouvernement démocrate, comme aux doléances des partis traditionalistes et aux promesses du patronat, il est également important de se tenir en garde contre la description prématurée de la cité idéale créée par le collectivisme.

Ni résignés, ni chauvins, nous avons conscience de nos devoirs, mais aussi de nos droits à la vie et de la solidarité qui nous prescrit de les défendre jusqu'au dernier iota. Au reste, la classe bourgeoise refuserait-elle de parlementer avec nous. Eh bien! on ferait sans elle, et au surplus, j'espère, je veux qu'avant longtemps elle soit confondue d'étonnement en admirant notre puissance d'initiative.

Le 20 juin 1905

PARAGRAPHE VII

Point n'est besoin d'insister sur la raison de notre appel à l'union, à la solidarité : c'est la puissance d'action résultant du concours de toutes les unités, en même temps que la seule mesure préventive contre des éventualités surhumaines pour chacun de nous. Ce sont les conséquences pratiques de ce second point de vue que je voudrais vous faire entrevoir comme le couronnement logique de l'idéal de l'école nouvelle.

Voulez-vous, camarades, que la vie cesse d'être un tissu d'encombres fâcheuses, de sensations alternatives d'abondance expansive ou de misère acariâtre; voulez-vous que notre nature raisonnable ne soit plus à la merci d'un incident; que nos élans généreux, nos vastes pensées ne soient plus traversés par le cauchemar de la domination des éléments? En d'autres termes, avez-vous à cœur d'être le moins possible à charge à la société en cas d'événement normal?

Qu'attendez-vous à vous organiser en sociétés de secours mutuels! Je n'insisterai pas outre mesure sur cette heureuse création moderne dont le fonctionnement vous est d'ailleurs familier. Je ferai remarquer seulement qu'elle est plus utile encore peut-être à l'Etat en général qu'aux individus mêmes.

Vous le représentez-vous, en effet, ayant sur ses bras toutes les victimes des accidents, maladies ou incapacités quelconques du travail.

Ne dites donc plus comme tant d'autres inconscients : « Après tout, l'hôpital n'est pas fait pour les chiens! ». Sans doute, la société est une bonne mère; mais serions-nous ses dignes enfants de nous fier uniquement à elle, sans jamais lui être d'aucune utilité? Convient-il enfin à un être raisonnable de se contenter de vivre au jour le jour, alors que le monde animal nous offre à chaque pas des exemples d'instinct, de prévoyance?

Il est entendu que l'épargne est un facteur essentiel de la stabilité de notre condition économique; mais d'aucune sorte, elle ne saurait suppléer le secours mutuel. Ce qui détermine la préférence pour ce dernier, c'est qu'en procurant les mêmes avantages particuliers que l'épargne, il est, en outre, plus à la portée de toutes les bourses, par suite, une institution par excellence de solidarité démocratique.

Le 22 juin 1906.

PARAGRAPHE VIII

Nous voilà parés contre les imprévus. Mais ces perplexités qui nous guettent sur le crépuscule de notre existence, qui peut se flatter de les affronter avec sérénité? Avez-vous jamais réfléchi sur le sort critique qui peut être réservé à tout homme d'ailleurs ayant joué consciencieusement son rôle sur la scène sociale?

N'est-ce pas une honte pour notre siècle que le délaissement général qui caractérise les vieux jours de l'ouvrier : délaissement de la part des fonctions vitales de l'organisme; délaissement de la part de la famille ingrate; délaissement de la part de la société non encore complètement organisée. J'en dis autant de la condition pitoyable des hommes d'art, de lettres ou professions libérales quelconques non garanties de l'Etat. Malheur au talent qui lors de son apogée n'aurait pas songé à faire des réserves pour ses jours de déclin !

L'on ne peut toujours pourtant pas briller d'une gloire prépondérante. Mais ainsi l'exige le public. Peu lui importe qu'au retour d'une démonstration éclatante, le héros croyant en avoir fait assez pour ses preuves, se dévoue en un labeur moins en vue mais aussi méritoire, suppléant l'éloquence virile par une étude plus concise, une logique plus régulière ; le vulgaire s'en chaut.

Pauvre savant! Tu dissertes à ravir, mais tu as la réputation d'un ramollot. Ton esprit plane à travers les espaces infinis de la science, et tu n'as rien à faire bouillir dans ton pot. Heureu-

sement-tu es philosophe! Le hideux besoin qui
te persécute sans trêve ni merci, ne t'a pas
dominé. Mais combien de temps précieux qu'il
t'a dérobé, à ton grand chagrin! Que de sublimes
envolées coupées brutalement par ce visiteur
importun!

Enfin, jusques à tes contemporains mêmes
qui te défendent de plus rien entreprendre, se
rient de tes projets, de tes efforts pour leur bien.

> Passe encor de bâtir, mais planter à cet âge!...
> Quittez le long espoir et les vastes pensées,
>   Cela ne convient qu'à nous.

disaient les trois jouvenceaux à l'octogénaire.

Vous vous rappelez ce qu'il advint, quels événements insolites eurent raison de la présomp-
tion des jeunes gens ; mais combien plus éton-
nante de sagesse la réponse du vieillard :

> Mes arrière-neveux me devront cet ombrage,
>   Eh bien! Défendez-vous au sage
>   De se donner des soins pour le plaisir d'autrui?
>   Cela même est un fruit que je goûte aujourd'hui;
>   J'en puis jouir demain et quelques jours encore.

Quelle réfutation éloquente dans ces quelques mots de la fausseté de l'analogie qu'on
nous rappelle souvent des diverses périodes de
notre vie avec les saisons de l'année! En effet,
tandis que le temps est un recommencement
alternatif de vie, puis de fécondation intense,
de rendement et enfin de recueillement, conséquence de l'épuisement momentané, notre existence ne saurait présenter les mêmes aspects. A
la différence de la nature terrestre et animale, la

vie morale et intellectuelle ne connaît point de tarissement. Au contraire, ses fruits n'en sont que plus parfaits à proportion d'une plus abondante production.

Si donc, tenant compte de ces considérations, nous faisions le calcul de toutes les existences humaines brisées violemment par le désespoir et la misère, avec nos dernières années que nous abandonnons trop facilement à la nature mignarde et égoïste, vous jugez d'ici de combien de résultats matériels autant que de progrès moral pourraient être réalisés et qui ne le sont pas.

Cependant, ce bien nous appartient aussi en propre, comme partie intégrante du patrimoine social, de l'extension duquel nous devrions être jaloux. Or, il est clair qu'on ne saurait employer pour cette mise en valeur plus d'ouvriers que l'humanité n'en comprend. A défaut du nombre, la seule solution normale consiste à chercher que chacun y puisse fournir une plus longue carrière; et cela non dans l'intérêt d'une vulgaire exploitation, jusqu'au bout des forces animales, mais pour le bonheur même des individus. En effet, que demande la vieillesse autre chose que l'action ? Et le proverbe le donne bien assez à comprendre : « Si vieillesse pouvait..... », car l'action c'est la vie.

Ce n'est pas le retour à une nouvelle jeunesse que nous osons espérer et encore moins promettre. Nous voulons simplement pour l'ouvrier des jours plus sereins en récompense d'une longue continuité d'efforts. Sans l'exempter tout à fait du travail* nous voulons qu'il soit à l'abri des besoins matériels. Sans flatter sa vanité, nous voulons qu'avec la satisfaction de se sentir vivre, il trouve dans la reconnaissance respectueuse des jeunes générations la récompense d'une vie honnête et féconde.

La troisième République qui ne laisse passer aucune occasion de manifester son intérêt à la jeunesse, se devait à elle-même de doter la seconde moitié de l'humanité d'une institution non moins impérissable. Et de fait, il faut ajouter en toute justice que c'est une de ses principales préoccupations actuelles. C'est ainsi que la loi sur l'assistance aux vieillards est sur le point de fonctionner, et que les retraites ouvrières font l'objet des discussions actuelles.

De même que j'ai fait ressortir l'immense avantage des œuvres mutuelles de secours sur l'épargne individuelle, il y a lieu dans le cas présent, de distinguer entre les nombreuses sociétés d'assurances sur la vie avec les deux réformes de l'État que nous avons citées plus haut; car tandis que les sociétés indépendantes s'alimentent au moyen de primes personnelles et d'ailleurs assez raisonnables d'importance, des retraites ouvrières ne sauraient se concevoir que dans l'intention d'être appliquées à la totalité des êtres actifs et avec la haute direction et garantie de l'État.

Quel mode quelconque qu'il adopte pour constituer son fonds, c'est aux économistes d'abord,

---

* « A mesure que la possession du vivre est plus courte, il la faut rendre plus féconde et plus pleine. » (MONTAIGNE.)

puis aux hommes de droit à étudier de concert le moyen le plus rapide, le plus productif et le plus juste à la fois. Sera-ce par impositions spéciales sur le capital exploité ou par prélèvement sur les impôts actuels avec participation effective de l'Etat ou contribution individuelle ou par la combinaison des trois systèmes : peu nous importe.

Mais la démocratie ne doit pas cesser de réclamer à temps et contretemps, de presser la réalisation par l'Etat de ces deux grandes réformes que nous appelons : l'appui aux œuvres de secours mutuels et les retraites pour la vieillesse ouvrière. Le gouvernement qui prend ainsi à cœur les intérêts immédiats des citoyens en s'assurant que parallèlement à l'amélioration de leur condition matérielle, les plus hautes idées de civilisation animent leurs intelligences — ce gouvernement, dis-je, pose les bases les plus solides de sa stabilité.

D'autre part, cette compréhension réciproque du pouvoir avec les sujets, ce lien de sympathie qui les fait s'intéresser les uns aux autres, ce commun souci de la chose publique constitue ce qu'on nomme la politique; c'est le fondement raisonné du patriotisme, le premier facteur de la paix civile et de la force des nations. C'est l'acheminement rapide vers le règne de la justice sociale et de la fraternité.

26 juin 1905.

CONCLUSION

Ces principes généraux de morale sont, je crois, assez clairs pour me dispenser de m'étendre indéfiniment à leur sujet ; mais il était indispensable de les rappeler à la suite de mon réquisitoire, afin que le patronat ne s'imaginât point que nous soyons de simples exaltés sans convictions ou de vulgaires aboyeurs à la remorque de gens intéressés à la guerre civile.

Mais ce scrupule d'établir un parallèle de nos droits et de nos devoirs ne saurait être pour vous, Camarades, une cause d'alarmes, car si nous avons entrevu l'application de nos devoirs envers l'autorité, le capitalisme en général, nos devoirs envers nous-mêmes, tous également tributaires du travail, nous intéressent d'un chef autrement supérieur. Ces devoirs envers nous-mêmes, tels que : l'exemple d'une vie régulière, l'éducation morale et intellectuelle, l'assistance réciproque, la solidarité pour le bien commun, nous les remplissons par le *mutualisme*.

Quant à nos droits, ils sont de deux sortes ; les uns individuels tels que l'inviolabilité de la personne et de ses biens, liberté d'opinion et de travail ; ceux-là sont rigoureusement garantis par les lois civiles. Mais il en est d'autres malheureusement qui leur échappent en grande partie, tels que : le droit au repos hebdomadaire, la rémunération proportionnelle au travail, le droit de revendication.

Là-dessus, plus encore que dans la lutte matérielle, nous avons besoin d'union pour obtenir satisfaction de nos doléances. Les associations que nous formons ainsi pour la défense des intérêts du travail se nomment *Syndicats*.

Enfin, comme ce travail nécessite une immense consommation de forces, leur économie, par une distribution plus rationnelle du travail et l'action simultanée d'un certain nombre d'ouvriers solidaires, se nomme l'action *Coopérative*.

Ce seront les deux sujets de la seconde brochure que je destine aux Camarades, s'ils me font l'insigne honneur de leur adhésion à cette propagande, ce dont je jugerai sûrement par l'accueil qu'ils réservent à la présente. Certes, ils eussent pu trouver pour cette tâche des collègues plus érudits, mais non plus sincères, plus passionnés à la condition de la classe populaire. Si j'ai réussi à démontrer la nécessité d'une organisation sérieuse et spéciale à notre genre de vie, j'aurai atteint mon but. Dès lors, je n m'inquiète plus de rien, car l'élan donné, je suis persuadé que les résultats obtenus dès la première heure ne feront que nous encourager dans la bonne voie.

Au reste, Camarades, « qui veut la fin doit vouloir les moyens. »

Henri SORLE.

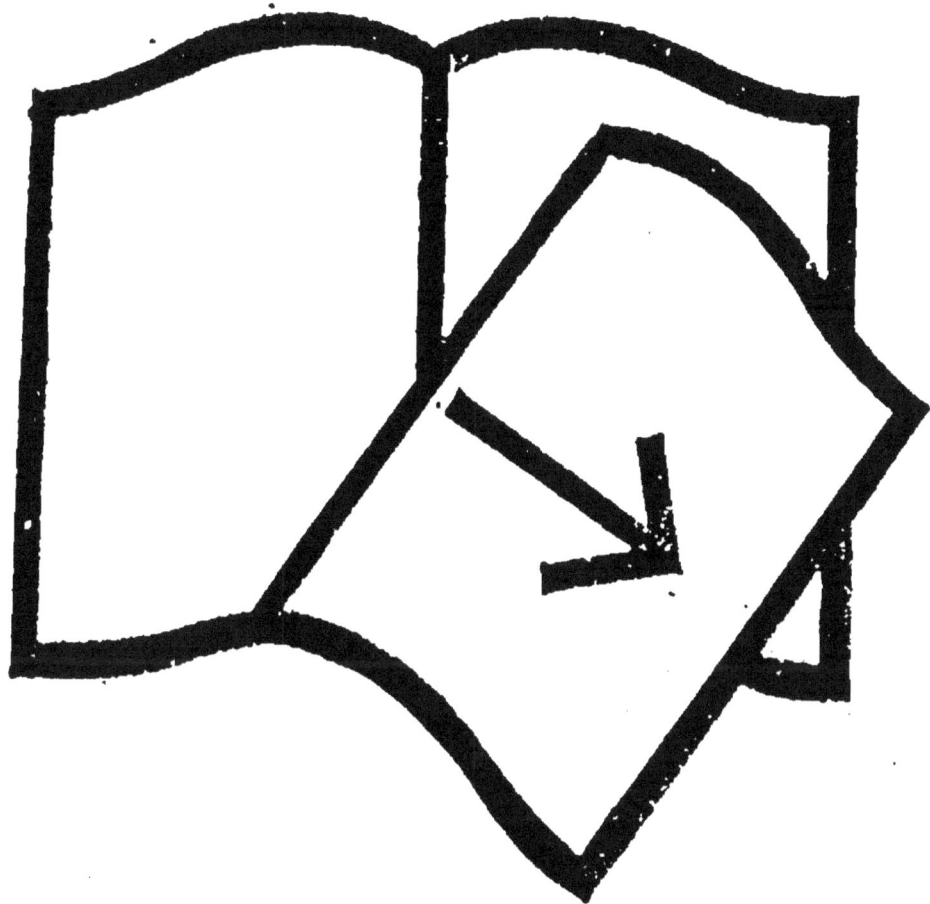

Documents manquants (pages, cahiers...)
NF Z 43-120-13